中国文化经典基础教育诵本

尚 书

吴小晴 主编

黄河出版传媒集团
阳光出版社

图书在版编目（CIP）数据

尚书 / 吴小晴主编. -- 银川：阳光出版社，
2016.8（2020.12重印）
（中国文化经典基础教育诵本）
ISBN 978-7-5525-2966-1

Ⅰ.①尚… Ⅱ.①吴… Ⅲ.①中国历史-商周时代-少儿读物 Ⅳ.①K221.04-49

中国版本图书馆CIP数据核字(2016)第220232号

中国文化经典基础教育诵本　尚书　　　吴小晴　主编

责任编辑	陈建琼
封面设计	民谐文化
责任印制	岳建宁

黄河出版传媒集团
阳光出版社　出版发行

出 版 人	薛文斌
地　　址	宁夏银川市北京东路139号出版大厦（750001）
网　　址	http://www.ygchbs.com
网上书店	http://www.shop129132959.taobao.com
电子信箱	yangguangchubanshe@163.com
邮购电话	0951-5047283
经　　销	全国新华书店
印刷装订	河北燕龙印刷有限公司
印刷委托书号	（宁）0019194

开　本	710 mm×1000 mm　1/16
印　张	9.5
字　数	120千字
版　次	2016年11月第1版
印　次	2021年1月第2次印刷
书　号	ISBN 978-7-5525-2966-1
定　价	28.50元

版权所有　翻印必究

编者的话

古往今来，绵延五千年的中华文化，一直滋养着生生不息的华夏民族，多少仁人志士，在国学经典的引导激励下，谱写了一曲曲慷慨激昂的壮丽篇章。那些饱含圣贤宗师心血的经、史、子、集，历经发展和丰富，融入了中华民族的血脉，铸就了中华民族的脊梁，毋庸置疑地成为宝贵的文化遗产、浓缩的至理名言、永恒的精神食粮、深奥的智慧结晶。

这些国学经典，字字珠玑，篇篇隽秀。其中哲言警句、诗词寓言、成语典故、道德伦理、人文史话、风俗礼仪等无所不有。在全社会开展社会主义"八荣八耻"荣辱观教育的今天，在各学校努力培养德、智、体、美、劳复合型人才的同时，让学生捧读国学经典，和圣贤"对话"，与古人"沟通"，树立"天下为公"的理念，培育"爱我中华"的情衷，无疑具有深刻的现实意义和历史意义。

为此，我们精心汇编了易读、易记、易学、易用的国学启蒙教育丛书——《中国文化经典基础教育诵本》，共有《论语》《孟子》《尚书》《大学》《中庸》《礼记》《孝经》《诗经》《易经》《春秋左氏传》《三字经》《千字文》《弟子规》《增广贤文》《笠翁对韵》《幼学琼林》《唐诗精选》《宋词精选》十八册，旨在使少年儿童自幼养成仁慈博爱、乐施行善、孝亲敬师、包容宽厚、诚实守信、自强进取、好学勤劳、谦虚谨慎的传统美德。

另外，我们针对少年儿童心理、生理、能力、智力的特点，分别设立了"快乐诵""注译窗""博学角""智多星""七彩板"五个版块。并以其译文精确、故事贴切、图文并茂、寓意深刻等特色，极大地满足并迎合了少年儿童学以致用、模仿互动的需要。

亲爱的小读者：当你们看到"启明星"早早地在天边迎接太阳冉冉升起的时候，一定会明白我们编写这套丛书的初衷。但愿这颗"启明星"能与你们相随相伴、相融相通，帮助你们实现高品位、高质量的美好人生。

一　虞夏书·尧典 \ 1

二　虞夏书·舜典 \ 7

三　虞夏书·大禹谟 \ 14

四　虞夏书·皋陶谟 \ 20

五　虞夏书·甘誓 \ 28

六　商书·汤誓 \ 34

七　商书·伊训 \ 42

八　商书·盘庚上 \ 50

九　商书·盘庚中 \ 58

十　商书·盘庚下 \ 63

十一　商书·说命上 \ 71

十二　商书·说命中 \ 78

十三　商书·说命下 \ 86

十四　商书·高宗肜日 \ 94

十五　商书·西伯戡黎 \ 102

十六　周书·牧誓 \ 110

十七　周书·旅獒 \ 118

十八　周书·康诰 \ 125

十九　周书·酒诰 \ 133

一 虞夏书·尧典

　　曰若稽古,帝尧曰放勋,钦明文思安安①,允恭克让,光被四表②,格于上下。克明俊德③,以亲九族④。九族既睦,平章百姓。百姓昭明,协和万邦,黎民于变时雍。

看下面的译文,你就知道它是什么意思了!

①安安:柔和的意思。
②四表:四方极远的地方。

③俊德：德才兼备的人。

④九族：指同族的人。

考查古代传说，皇帝尧的名字叫放勋。他严肃恭谨，明察四方，善于治理天下，宽容温和，诚实尽职，能够让贤，光辉普照四海，遍于天下。他能够明察并表彰有才有德的人，使同族人亲密团结。族人亲密和睦了，又能明察和表彰有善行的百官，协调各个诸侯国的关系，于是民众也随着变的友善和睦起来了。

博学角

尧帝禅让

尧帝开创了帝王禅让之先河，在位七十年，他认为儿子丹朱不成器，决定从民间选用贤良之才。

尧问四方诸侯首领："谁能担负起天子的重任？"四方诸侯首领说："在民间，有个单身汉，叫虞舜。"于是，尧微服私访，来到历山一带，听说舜在田间耕地，便到了田间。于是他看见一个青年，身材魁伟、体阔神敏，聚精会神地在耕地，犁前驾着一头黑牛、一头黄牛。

奇怪的是，这个青年从不用鞭打牛，而是在犁辕上挂一个簸箕，隔一会儿，敲一下簸箕，吆喝一声。尧等舜犁到地头，便问："耕夫都用鞭打牛，你为何只敲簸箕不打牛？"舜见有老人问，拱手作揖答道："牛为人耕田出力流汗很辛苦，再用鞭打，于心何忍！我打簸箕，黑牛以为我打黄牛，黄牛以为我打黑牛，就都卖力拉犁了。"尧一听，觉得这个青年有智慧，又有善心，对牛尚如此，对百姓就更有爱心。

于是，尧与舜在田间扯起很多话题，谈了一些治理天下的问题，舜的谈论明事理，晓大义，非一般凡人之见。尧又走访了方圆百里，都夸舜是一个贤良之才。

尧便决定试一试舜。尧把两个女儿娥皇、女英

嫁给舜，让两个女儿观其德；把九个男儿安排在舜周围，让九个男儿观其行。把舜放进深山之中，虎豹毒蛇都被他驯服。

舜头脑清醒，方向明确，深山之中不迷失，很快就走了出来。尧先让舜在朝中作虞官，试舜三年后，让舜在尧的文庙拜了尧的先祖，尧便让舜代其行天子之政。

记一记

尧帝，姓尹祁，号放勋，因封于唐，故称唐尧。

舜帝，姓姚，传说目有双瞳而取名"重华"，号有虞氏，故称虞舜。

禹，姓姒，名文命，也称大禹、夏禹、帝禹。

你知道尧帝的政绩吗?你还知道尧帝的其他故事与知识吗?课下与同学交流一下。

二 虞夏书·舜典

快乐诵

象①以典刑，流宥五刑，鞭作官刑，扑作教刑，金作赎刑。眚②灾肆赦，怙终贼刑。钦哉，钦哉，惟刑之恤哉！

流共工于幽州，放欢兜于崇山，窜三苗于三危，殛鲧于羽山，四罪而天下咸服。

帝曰："夔！命汝典乐，教胄子，直而温，宽而栗，刚而无虐，简而无傲。诗言志，歌永言，声依永，律和声。八音克谐，无相夺伦，神人以和。"夔曰："於！予击石拊石，百兽率舞。"

看看下面的译文,你就知道它是什么意思了!

① 象:刻画
② 眚:过错,过失。

舜把五种常用的刑罚刻画在器物上,用流放的形式代替五刑以示宽大,用鞭刑来惩罚犯了罪的官员,用杖责打来惩罚有罪过的掌管教化的人,用罚金作为赎罪的刑罚。因为过失犯罪,可以赦免;要是犯了罪又不知悔改,就要用刑罚。慎重啊,慎重啊,使用刑罚时一定要慎重。

舜把共工流放到幽州,把欢兜流放到崇山,把三苗驱赶到三危,把鲧流放到羽山。这四个罪人受到了应有的处罚,天下的人都心悦诚服。

舜帝说:"夔啊,命令你去掌管乐政,教导年轻人,要正直而温和,宽宏而庄栗,刚毅而不暴虐,简约而不傲慢。诗是用来表达思想感情的,歌是唱出来的语言,五声是随歌唱而定的,六律是和谐五声的。八音都能和谐,秩序不互相混乱,那么神与人都会和谐了。"夔说:"啊!我敲打着石磬,各种兽类都跟着跳舞。"

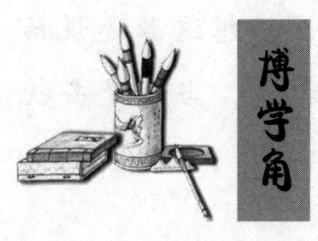

龚遂治民

汉宣帝刚刚即位的时候,渤海郡一带发生饥荒,饥民闹事,原先的盗匪乘机占山为王,挟制饥民,威胁官府,州郡之官疲于应付,事态越来越严重。

汉宣帝忧心忡忡,急着挑选有才之人前去治理。正苦于无人可派之时,丞相推荐前昌邑王的郎中令龚遂担任渤海太守。

行前,宣帝召见龚遂,龚遂这时已经七十多岁了,身材矮小,宣帝一见,有些失望。他问龚遂:"渤海一带时局紊乱,很不安宁,朕很是关心。卿将用什么办法平息骚乱,让朕安心呢?"

龚遂听出皇上对自己不十分信任，于是答到："渤海远郡，没有受到皇上圣恩。那里的百姓被饥寒所迫，而官吏从不体恤百姓的苦处，故使陛下的赤子不得不犯上作乱。陛下派臣去，是想让臣去剿灭他们，还是想让臣去安抚他们？"

汉宣帝一听，顿感精神一爽，不想这龚遂说话一下子能切中要害。从长治久安考虑，当然是安抚为上策。于是对龚遂说："希望你去后，选用贤良，朕本来是说要安抚他们的呀！"

龚遂从容地说，"臣听说治乱民如治乱绳，不能操之过急，必须慢慢地来，然后才会有效果。臣有

一个请求，就是臣上任后，一切由臣随机从事，丞相、御史不能以苛烦法令约束臣。"汉宣帝一一答应了他。

原任太守知道新太守上任，调动了军队来迎接，龚遂立即打发他们回府。并在途中传令属县，解散官府的保安部队，捕盗之吏全部罢退回乡。还行文州县，凡拿锄头镰刀在田间耕作的，一律视为良民，加以保护；只有拿了兵器，横行乡里的，才当盗贼来办。百姓听到这些政令，纷纷归田，少数盗贼立刻变得孤立了。他们见大势已去，也纷纷放下兵器，拿起锄头镰刀，到田地上耕作了。龚遂对他们并不深究，只要弃恶从善就好。这样，社会秩序便安定下来了。

这种"道之以德，齐之以礼"的治理办法很快就见成效，龚遂接着要办的是继续稳定民心，大开公仓，接济平民，再选好的地方官，悉心治理，用道德来教化，让百姓"有耻且格"。

想一想

"道之以德,齐之以礼"是什么意思?

1. 它的含义是什么?

2. 它出自于哪里?

从上面的故事中,你学到了什么?如果是你,你该会怎么做呢?

三 虞夏书·大禹谟

帝曰:"来,禹!降水儆予,成允成功,惟汝贤。克勤于邦,克俭于家,不自满假,惟汝贤。汝惟不矜,天下莫与汝争能。汝惟不伐,天下莫与汝争功。予懋乃德,嘉乃丕绩,天之历数在汝躬,汝终陟元后。"

人心惟危,道心惟微,惟精惟一,允执厥中。无稽之言勿听,弗询之谋勿庸。

满招损,谦受益。

 看看下面的译文，你就知道它是什么意思了！

舜帝说："来吧！禹啊！上天以洪水警戒了我，言而有信，完成治水大业，这是你的贤德。治理国家不辞辛苦，居家生活节俭，不自满，不浮夸，这也是你的贤德。你不自负贤能，因而天下没有人与你比能力，你不自夸功绩，因而天下没有人与你争功劳。"

充满物欲的人，其心灵危殆不安；出于天理的道，其理玄奥微妙，要精诚、专一地坚持中正之道。

没有经过检验的言语不要轻信，没有征询众人的谋略不要轻用。

过于自满一定会导致损缺，温和谦让会时时让人受益。

大禹治水

在我国远古时代，相传四五千年前，发生了一次特大洪水灾害。为了解除水患，部落联盟会议推举了鲧去治水，鲧治水九年劳民伤财，对洪水束手无策，耽误了大事，后来被处死在羽山。部落联盟会议又推举了鲧的儿子禹。他是一个精明能干、大公无私的人。大禹请来过去治水的长辈，总结过去失败的原因，并且经过实地考察，制定了一条切实可行的方案：一方面加固和继续修筑堤坝，另一方面，用"疏导"的办法根治水患。大禹亲自率领群众治水，全面进行疏导洪水的劳动。大禹除了指挥外，还亲自参加劳动，为群众做出了榜样。他握木锸，不辞辛劳，废寝忘食，夜以继日。在治理洪水中，大禹曾三次路过自己家门口而没有回家。在他的领导下，人们经过十三年的艰苦劳动，终于疏通了九条大河，使洪水沿着新开的河道流入大海。在治水的同时，大禹和治水的大军还大力帮助老百姓重建家园，修整土地，恢复生产，使大家过上了安居乐业的生活，完成了流芳千古的伟大业绩。

查一查

　　掌握下面成语的意思，进一步体会大禹治水的精神。并想一想这些成语在什么地方可以应用？

　　人定胜天　同甘共苦　废寝忘食　夜以继日

　　试试用自己的话讲述大禹"三过家门而不入"的故事。

四　虞夏书·皋陶谟

快乐诵

皋陶曰："都！亦行有九德。亦言，其人有德，乃言曰，载采采①。"

禹曰："何？"

皋陶曰："宽而栗②，柔③而立，愿而恭，乱而敬，扰而毅，直而温，简而廉，刚而塞，强而义。彰厥有常，吉哉！

"日宣三德，夙④夜浚明有家；日严祗敬六德，亮采有邦。翕受敷施，九德咸事，俊乂⑤在官。百僚⑥师师，百工惟时，抚于五辰⑦，庶绩其凝。

 看下面的译文，你就知道它是什么意思了！

①采采：就是很多事，这里指事实的意思。
②栗：严肃恭谨。
③柔：指性情温和。立：指有自己的主见。
④夙：早晨。浚明：恭敬努力。家：这里指卿大夫的封地。
⑤俊乂：指特别有才德的人。
⑥百僚：指众大夫。师师：互相学习和仿效。
⑦五辰：指金木水火土五星。

皋陶说："啊！检验一个人的行为可以依据九种美德。检验言论也一样，如果说一个人有德行，那就要指出许多事实作为依据。"

禹说："九种美德是什么呢？"

皋陶说："宽宏大量而又严肃恭谨，性情温和而又有主见，态度谦虚而又庄重严肃，具有才干而又办事认真，善于听取别人意见而又刚毅果断，行为正直而又态度温和，直率旷达而又注重小节，刚正

不阿而又脚踏实地，坚强勇敢而又合符道义。能在行为中表现出这九种美德，就会吉祥顺利啊！

"如果每天都能在行为中表现出九种美德中的三德，并早晚恭敬努力地去实行，就可以做卿大夫。每天都能庄重恭敬地实行九德中的六德，就可以协助天子处理政务而成为诸侯。如果能把九种品德全面地实行，使有这些品德的人都担任一定的职务，那么在职官员都是有才德的人了。大夫们互相学习仿效，官员们都尽职尽责，严格按照五辰运行和四时变化行事，众多的功业就可以建成了。"

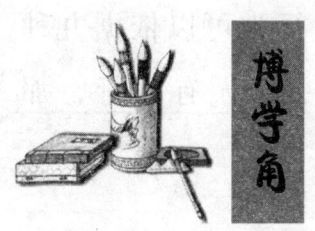

秦穆公广招人才

在群雄并起的春秋时代，秦国地处西部边地，国小民弱，与其他强国相比，显得很不起眼。秦穆

公却雄心勃勃，一心想超越其他国家，称霸天下。为此他派人到各处广招人才，希望天下有用的人都投奔到他的门下来。

不久，有人向他报告说，有个叫百里奚的，很有才能，现正流落在楚国喂牛。秦穆公马上派手下人去楚国请他，考虑到如果用重金去请的话，会引起楚王的怀疑，于是让使者带了五张羊皮去向楚王换人。楚王不想得罪秦国，就把百里奚交换给了秦国使者。

秦穆公亲自召见百里奚，一看，原来是个七十岁的老头儿，不觉脱口而出道："可惜啊，年纪太大了。"

百里奚说："大王，如果您让我追逐天上的飞鸟，或者去捕捉猛兽，臣确实太老了；但如果和大王一起商讨国家大事，臣还不算老。"

秦穆公一听，不由肃然起敬道："我想让秦国超过其他的国家，您有什么办法吗？"百里奚说："秦国虽在边陲地区，但地势险要，兵马强悍，进可以攻，退可以守，我们要充分利用自己有利的条件，乘机而进。"穆公听了，觉得百里奚确实是个不可多

得的人才，就封他为上卿，治理国事。谁知百里奚连连摆手说："大王，臣有个朋友叫蹇叔，他的才能远远胜过我，请大王封他为上卿吧。"

秦穆公一听还有比百里奚更有才干的人，连忙派使者带着重金，到蹇叔隐居的地方请他出山。蹇叔为了让自己的好友百里奚能安心地留在秦国辅助秦王，便随着使者来到了秦国。秦穆公高兴极了，他对蹇叔说："百里奚多次对我说到你的才能，我很想听听你的意见。"蹇叔说："秦国之所以不能立于

强国之中，主要是威德不够。"

秦穆公问："那么怎样才能做到呢？"蹇叔说："治法要严，别的国家就不敢欺负您；对百姓要宽容，百姓就会拥护您。要想国家强盛，必须教民礼节，贵贱分明，赏罚公正，不能贪心，也不能急躁……

秦穆公听到蹇叔的谈论后，感到非常地满意，于是封百里奚为左庶长，蹇叔为右庶长，称为"二相"。自从"二相"治国后，立法教民，兴利除害，秦国变得富强起来了。

想一想

秦穆公为什么要广招人才?他又是怎么去做的呢?你觉得这样做好不好,说说你的理由。

"秦穆公广招人才"里面讲到哪几个人?他们有什么样的特点?

五　虞夏书·甘誓

大战于甘，乃召六卿。

王曰："嗟！六事之人，予誓告汝：有扈氏威侮五行，怠弃三正①。天用剿绝其命，今予惟恭行天之罚。

左不攻于左②，汝不恭命；右不攻于右，汝不恭命；御非其马之正，汝不恭命。用命，赏于祖③；弗用命，戮于社。予则孥戮汝。"

 看下面的译文，你就知道它是什么意思了！

①三正：指建于、建丑、建寅，意思是指历法。

②左：战车左边。古时战车载三人，分左中右，左边的人负责射箭，中间的人驾车，右边的人用矛刺杀。

③赏于祖：古时天子亲征，随军带着祖庙的神主和社神的神主。有功的，就在祖庙神主之前赏赐，惩罚则在社神神主前进行，表示不敢自己专行。

将要在甘进行一场大战，于是夏启召集了六军的将领。夏启王说："啊！六军的将士们，我把誓言向你们宣告："有扈氏违背天意，轻视金木水火土这五行，怠慢甚至抛弃了我们颁

战车左边的兵士如果不善于用箭射杀敌人，你们就是不奉行我的命令；战车右边的兵士如果不善于用矛刺杀敌人，你们也是不奉行我的命令；中间驾车的兵士如果不懂得驾车的技术，你们也是不奉行我的命令。服从命令的人，我就在先祖的神位前

行赏；不服从命令的人，我就在社神的神位前惩罚，把你们降为奴隶，或者杀掉。"

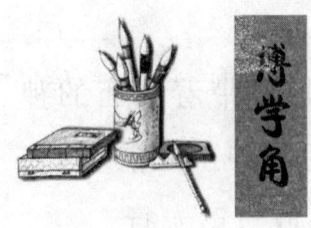

夏启治国

天下继承制度被禹的儿子夏启破坏后，自然而然遭到很多人的反对。但夏启并没有急于镇压这些反对他的人，他认为当前最需要做的是稳住人心，让民众心服口服地拥护自己。于是夏启严格要求自己，以争取人们对他的信任与支持。所以，他的每顿饭菜只吃一碗普通的蔬菜，睡觉只铺一床精糙的旧褥子；除了祭神和祭祖以外，他不许演奏音乐来娱乐；他尊敬老人，爱护小孩；谁有本领，他就亲自请来并加以重用；谁有才华，他也亲自请来加以重用；谁懂得武艺，他就让谁带兵打仗。

夏启这样的作为，很快就产生了非常好的效果，才过了一年，他的声誉就大大提高了。大家一致认为夏启理所当然的是夏禹的继承人，对于父死子继的继承制度，人们觉得并没有什么不合理。

记一记

你知道历史书上经常提起的"三皇五帝"是哪几位吗?

"三皇"是指伏羲、神农、共工。

"五帝"又是指黄帝、颛顼、帝喾、尧、舜。

读了上面的故事，我们可以想想，如果你是夏启，你会怎么做呢？

六 商书·汤誓

王曰:"格尔众庶,悉听朕言。非台①小子,敢行称乱!有夏多罪,天命殛之。今尔有众,汝曰:'我后不恤我众,舍我穑事②,而割③正夏?'予惟闻汝众言,夏氏有罪,予畏上帝,不敢不正。今汝其曰:'夏罪其如台④?'夏王率遏众力,率割夏邑。有众率怠弗协,曰:'时日曷丧?予及汝皆亡。'夏德若兹,今朕必往。

尔尚辅予一人,致天之罚,予其大赉⑤汝!尔无不信,朕不食言。尔不从誓言,予则孥戮汝,罔有攸赦。"

 看下面的译文，你就知道它是什么意思了！

①台：我。小子：对自己的谦称。

②穑事：农事。

③割：曷，意思是为什么。

④如台：如何。

⑤赉：赏赐。

王说："来吧，你们所有人！都听我说。不是我个人敢于贸然发难！而是因为夏王犯了许多罪行，上天命令我去讨伐他。现在你们大家也许会说：'我们的国君不体贴我们，让我们放弃种庄稼的事，去征讨夏王？'我虽然会听到你们说这些话，但是夏王有罪，我敬畏上帝，不敢不去征讨。现在你们要问：'夏王的罪行究竟多少呢？'夏王耗尽了百姓的力量，剥削夏国人民的财产。民众大多消极怠工，不予合作，并说：'这个太阳什么时候才能消失？我们宁可和你一起灭亡。'夏王的德行败坏到这种程度，现在我一定要去讨伐他。

你们只要辅佐我，行使上天对夏王的惩罚，我将大大的赏赐你们！你们不要不相信，我决不会不守信用。如果你们不听从我的誓言，我就让你们去当奴隶，以示惩罚，没有谁会得到赦免。"

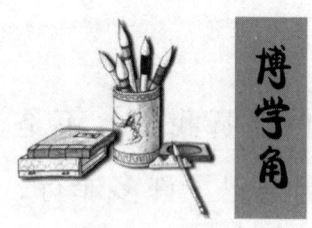

商汤伐桀

黄河下游有个部落叫商。传说商的祖先契在尧舜时期，跟禹一起治过洪水，是个有功的人。后来，商部落因为畜牧业发展得快，到了夏朝末年，汤做了首领的时候，已经成为一个强大的部落了。

夏王朝统治了大约四百多年，到了公元前十六世纪，夏朝最后的一个王夏桀在位。夏桀是个出名的暴君，他和奴隶主贵族残酷压迫人民，对奴隶镇压更重。夏桀还大兴土木，建造宫殿，过着荒淫奢侈的生活。

商汤看到夏桀十分腐败，决心消灭夏朝。他表面上对桀服从，暗地里不断扩大自己的势力。

那时候，部落的贵族都是迷信鬼神的，把祭祀天地祖宗看作最要紧的事。商部落附近有一个部落叫葛，那儿的首领葛伯不按时祭祀。汤派人去责问葛伯。葛伯回答说："我们这儿穷，没有牲口作祭品。"

汤送了一批牛羊给葛伯作祭品。葛伯把牛羊杀掉吃了，又不祭祀。汤又派人去责问，葛伯说："我没有粮食，拿什么来祭呢？"

汤又派人帮助葛伯耕田，还派一些老弱的人给耕作的人送酒送饭，不料在半路上，葛伯把那些酒饭都抢走，还杀了一个送饭的小孩。

葛伯这样做，激起了大家的公愤。汤抓住这件事，就出兵把葛先消灭了。接着，又连续攻取了附近几个部落。商汤的势力渐渐发展了，但是并没引起昏庸的夏桀注意。

商汤和大臣伊尹商量讨伐夏桀的事。伊尹说：

"现在夏桀还有力量，我们先不去朝贡，试探一下，看他怎么样。"商汤按照伊尹的计策，停止了对夏桀的进贡。夏桀果然大怒，命令九夷发兵攻打商汤。伊尹一看夷族还服从夏桀的指挥，赶快向夏桀请罪，恢复了进贡。

过了一年，九夷中一些部落忍受不了夏朝的压榨勒索，逐渐叛离夏朝，汤和伊尹才决定大举进攻。

自从夏启以来，同姓相传已经四百多年，要把夏王朝推翻，也不是一件简单的事。汤和伊尹商量

了一番，决定召集商军将士，由汤亲自向大家誓师。

汤说："不是我想进行叛乱，实在是夏桀作恶多端，上帝的意旨要我消灭他，我不敢不听从天命啊！"他接着又宣布了赏罚的纪律。

商汤借上帝的意旨来动员将士，再加上将士恨不得夏桀早早灭亡，因此，大家作战都非常勇敢。夏、商两军在鸣条（今山西运城安邑镇北）打了一仗，夏桀的军队被打败了。

最后，夏桀逃到南巢（今安徽巢县西南），汤追到那里，把桀流放在南巢，一直到他死去。

想一想

　　同学们可以讨论一下,商汤是如何一步一步把夏桀打败的?然后大家一起来表演这个故事。

读了这个故事，你知道夏王朝灭亡的原因是什么吗？

七　商书·伊训

惟元祀，十有二月，乙丑，伊尹祠于先王。奉嗣王祗见厥祖。侯、甸群后咸在，百官总己以听冢宰。伊尹乃明言烈祖之成德，以训于王，曰："呜呼！古有夏先后，方懋厥德，罔有天灾。山川鬼神，亦莫不宁，暨鸟兽鱼鳖咸若。于其子孙弗率，皇天降灾，假手于我有命，造攻自鸣条，朕哉自亳。惟我商王，布昭圣武，代虐以宽，兆民允怀。

今王嗣厥德，罔不在初。立爱惟亲，立敬惟长，始于家邦，终于四海。

呜呼！先王肇修人纪，从谏弗咈，先

民时若。居上克明，为下克忠，与人不求备，检身若不及，以至于有万邦，兹惟艰哉！

呜呼！嗣王祇厥身，念哉！圣谟洋洋，嘉言孔彰。惟上帝不常，作善降之百祥，作不善降之百殃。尔惟德罔小，万邦惟庆；尔惟不德罔大，坠厥宗。"

 看看下面的译文，你就知道它是什么意思了！

太甲元年十二月乙丑，伊尹向先王成汤致祭，奉侍继承王位的太甲，恭敬地拜见先祖神位。侯、甸各国诸侯都参加了祭祀大典，百官统领部属，听从宰相伊尹的号令。于是，伊尹明确阐述先祖成汤建功立业的大德，用来教导太甲，说："啊！古代夏朝的先王大禹具备盛德，当时没有天灾，山川鬼神也相安无事，就连同鸟兽鱼鳖也都顺遂滋长。到了大禹的子孙，不能遵循先王传统，皇天就降下灾祸，借我天命所归的成汤之手，从鸣条开始讨伐夏桀，

开始实施德政。我们的商王成汤,用宽松的政治代替夏王暴政,亿万人民永远信赖、怀念他。

　　现在大王要继承汤的美德,不能不在即位之初就开始。树立友爱风气应对亲近的人做起,树立尊敬的风气对年长的人做起,这种美德起初实行于家庭,然后及于邦国,最终普及天下。

　　啊,先王成汤勉力修习做人纲纪,听从别人规劝而不反唇相讥,对前辈贤人更是言听计从;在上位时能够明查秋毫,做下属时能够尽心竭力;与人结交不求全责备,约束自己却惟恐不够;以此修身治国,直到统治天下万邦,这真是难能可贵啊!

　　啊!大王您要警戒自身,念念不忘啊!先圣的谋划完美无缺,他的善言嘉语也很明白。上帝赐福降灾没有一成不变的常规,对行善者赐予各种吉祥,对作恶者就降下各种灾难。你做好事无论大小,天下万民也会感到庆幸。你干坏事即使不大,国家社稷也将因此灭亡。

唐太宗治国

唐太宗是个善于治国的政治家,又是个能征善战的统帅。一次,他拿出十张良弓,问一位造弓的老师傅:"这是我过去搜集的十张良弓,你看怎么样?"

他满以为工匠会大大称赞一番的。可那位工匠把十张弓都仔细地看了一遍,笑了笑说:"皇上,这些弓的木心不正,脉理歪斜,射出的箭走不直啊!虽说是强弓,可都不是好弓。"

唐太宗听了十分扫兴。可他毕竟是一个头脑清醒,善于自省的开明君主,他从这件事受到启发,明白了一个道理,对左右的人说:"我一生不知打过多少仗,用过多少弓,哪能什么都懂,都辨得出对和不对呢?诸君可要经常给我提个醒,好让我反省呀。"

从此,他规定京城里五品(官员的等级,共分九品)以上的官员,轮流在宫中值夜班。白天晚上都要亲自召见他们,问老百姓的疾苦和地方上发生的事,听取臣下的进谏,用以自省,有处理错误的地方就立即加以纠正。

由于唐朝建立不久,事情特别多,大臣们上的奏折也就很多,唐太宗把这些奏折都贴在墙壁上。有个大臣不太理解,问他:"您把奏折贴起来做什么呢?"

唐太宗说:"奏折太多了,我怕忘了就贴在墙上，进进出出都能看到，这样能不断的提醒自己，才不会误事。"

唐太宗还在自己卧室的屏风上贴了许许多多的纸条，上面写着全国地方官员的姓名，有位大臣说："地方官员都写进了花名册，你干嘛还要把他们的姓名都贴起来呢？"

唐太宗说："地方官员是直接管理百姓的，关系重大。他们做了好事或是坏事，我都随时记在他们的名下。这样，谁该提拔，谁该免职或罢免，我就有了根据，不会搞错了。"

正因为唐太宗善于自省，严于律己，办事一点不马虎，所以当时绝大多数官员都比较廉洁，办事认真，各地的社会风气也很好，形成了历史上最受赞扬的清平景象。

想一想

仔细阅读上面的这个故事,找出唐太宗治国的几个优点。

1. 通过和工匠的讨论,可以知道他是一个善于自我反省的人。从文中找到相关的语句。

2. 他是一个严格要求自己的皇帝,从哪可以看出来呢?

3. 唐太宗办事很认真,为什么?

　　唐太宗在治理国家上严格要求自己，在学习上，你会向唐太宗一样要求自己吗？从哪些方面可以看出来呢？

八　商书·盘庚上

王若曰："格汝众，予告汝训汝，猷黜乃心①，无傲从康。古我先王，亦惟图任旧人共政。王播告之修，不匿厥指，王用丕钦。罔有逸言，民用丕变。今汝聒聒②，起信险肤，予弗知乃所讼。

非予自荒兹德，惟汝含德，不惕予一人。予若观火，予亦拙谋作，乃逸。若网在纲，有条而不紊；若农服田，力穑乃亦有秋。汝克黜乃心，施安德于民，至于婚，丕乃③敢大言汝有积德。乃不畏戎毒于远迩，惰农自安，不昏作劳，不服田亩，越其罔有黍稷。

汝不和吉言于百姓，惟汝自生毒。乃败祸奸宄④，以自灾于厥身。乃既先恶于民，乃奉其恫，汝悔身何及？相时憸民，犹胥顾于箴言，其发有逸口⑤，矧予制乃短长之命？汝曷弗告朕，而胥动以浮言，恐沈于众？若火之燎于原，不可向迩，其犹可扑灭？则惟汝众自作弗靖，民非予有咎。"

 看下面的译文，你就知道它是什么意思了！

①黜乃心：去掉你们的私心。

②聒聒：拒绝别人的好意而自以为是。

③丕乃：于是。

④奸宄：做坏事。

⑤逸口：从口中说出错话。

王这样说道："来吧，你们各位！我要告诫你们，为的是要去掉你们的私心，使你们不要傲慢放肆并追求安逸。从前我们的先王，也只考虑任用世

家旧臣共同管理政事。先王向群臣发布政令，群臣都不隐瞒先王的旨意，先王因此对他们非常看重。大臣们没有错误的言论，因而臣民的行动大有变化。现在你们拒绝别人的好意而又自以为是，到处散布浮夸的言论，我真不知道你们争辩的是什么？

并不是我自己放弃了任用世家旧臣的美德，只是你们欺瞒了我的好意，不能处处为我着想。我的威严像火一样猛烈，只是没有显露出来，如果我不善于谋划，则是我的过错。

就像只有把网结在纲上，才会有条有理不紊乱；就像农民只有努力耕种，才会有秋天的好收成。你们如果能够去掉私心，给予臣民实实在在的好处，以至于你们的亲戚朋友，那么你们才敢说你们积有恩德。如果你们不怕自己的言论会大大毒害远近的臣民，就像懒惰的农民一样自求安逸，不努力操劳，不从事田间劳动，那就不会有黍稷收获。

如果你们不把我的善言向百姓宣布，这就是你们自生祸害。你们所做的一些坏事已经败露，这是你们自己害自己。如果你们引导人们做了坏事，就要由你们来承担痛苦，后悔又怎么来得及？看看一般的小民吧,他们还顾及到我所劝诫的话,担心说出错误的话,何况我掌握着你们的生杀之权呢?你们有话为什么不亲自告诉我,却用流言蜚语相互煽动,恐吓蛊惑臣民呢?就像大火已在原野上燃烧起来,使人无法面对接近,还能够扑灭吗?这都是你们做了许多坏事造成的,不是我的过错。"

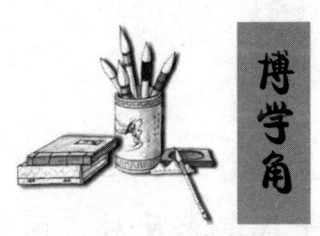

盘庚迁殷

商朝建立的时候,最早的国都是在亳(今河南商丘)。然而在后来的三百年当中,都城一共搬迁了五次。这是因为王族内部经常为了争夺王位,发生内乱,再加上黄河下游常常闹水灾。有一次发大水,把都城全淹了,因此就不得不考虑要再次搬迁。

从商汤开始传了二十个王,王位传到盘庚手里。盘庚是个有作为的君主。他为了改变当时社会不安定的局面,决心再一次迁都。

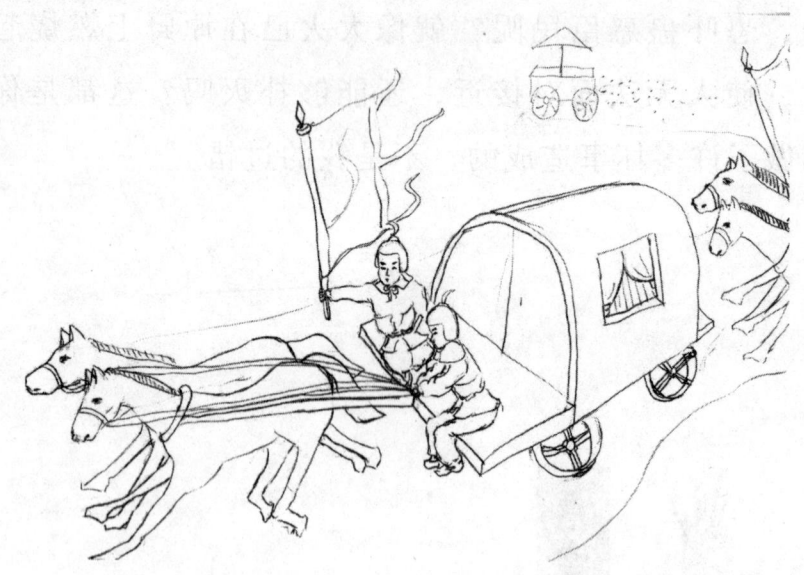

可是,当时大多数贵族贪图安逸,都不愿意搬迁。一部分有势力的贵族还煽动平民起来反对,闹得非常厉害。

盘庚面对这种情形,并没有动摇迁都的决心。他把反对迁都的贵族找来,耐心地劝导他们:"我要你们搬迁,是为了想安定我们的国家。你们不但不理解我的苦心,反而煽动百姓,产生无谓的惊慌。我告诉你们,想要改变我的主意,这是办不到的。"

由于盘庚坚持迁都的主张，最终挫败了反对势力，终于带着平民和奴隶，渡过黄河，搬迁到殷（今河南安阳小屯村）。在那里整顿商朝的政治，使衰落的商朝出现了复兴的局面，以后二百多年，一直没有迁都。所以商朝又称作殷商，或者殷朝。

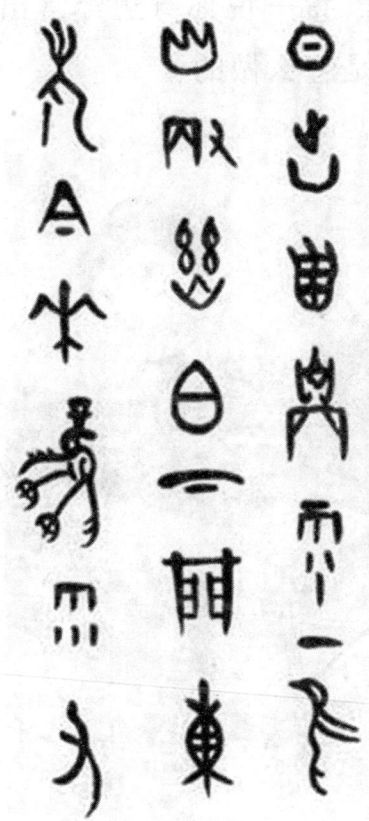

查一查

"由俭入奢易,由奢入俭难"是什么意思?你平时注意节俭吗?说一说你身边经常出现的品牌现象、浪费现象,你是怎么做的?

如果是你，还会像盘庚一样在反对自己的人面前坚持自己的主张吗？

九　商书·盘庚中

　　"呜呼！今予告汝：不易！永敬大恤，无骨绝远！汝分猷念以相从，各设中于乃心。乃有不吉不迪，颠越不恭，暂遇奸宄，我乃劓殄灭之，无遗育，无俾易种于兹新邑。

　　往哉生生！今予将试以汝迁，永建乃家。"

看看下面的译文，你就知道它是什么意思了！

　　"啊！现在我告诉你们：迁徙的计划不会改变！要永远提防大忧大患，不要互相疏远！你们要相互顾念依从，各人心里都要想到和衷共济。如果你们行为不善，不走正道，敢于违法越轨，欺诈奸邪，我就动用刑罚把你们灭绝，连子孙都不留下，不让你们的后代在新国都里继续繁衍。

去吧！去寻求新的生活吧！现在我将率领你们迁徙，在新国都为你们建立永久的家园。"

相濡以沫

春秋战国时期的大思想家庄子，经常在各个国家行走。有一天，正走在路上。当时正是盛夏时节，天空中彤云密布，隆隆的雷声响个不停，庄子已经意识到马上就要下大雨了，紧走几步来到一个驿亭下避雨。随着一道雳闪划过长空，伴随着震耳的雷

声，大雨倾盆而下。地面上很快就有了一片片的水洼，突然庄子听到噼啪、劈啪两声，随声音看去竟然发现水洼里有两条三四指长的鱼儿，庄子惊讶不已，只是睁大眼睛在那看着。

真是三伏的雨，来得快，去得也快，不一会儿雨过天晴，火辣辣的太阳又照射在地面上。地面很快干起来，而那两条鱼儿依然在水洼里噼噼啪啪地翻跳着。这可怎么办，两条鱼儿会被晒干的，庄子想。果然，洼里的水很快被蒸干了，看来鱼儿是死定了，但事情并没有按庄子预料的那样发生。其中的一条鱼儿把很多水泡吐抹在另一条鱼儿的身上，以免它的同伴被晒干，另一条鱼也同样如此。就这样两条鱼儿互相用吐出的水沫濡湿着……庄子看得呆住了，自言自语道：真乃相濡以沫也！

查一查

下面成语的意思,并比较他们的相同点和不同点。

相濡以沫

同舟共济

左提右挈

　　从两只鱼的行为中,你一定有感想,那就把你的感想整理一下,然后与同学们交流交流。

十　商书·盘庚下

　　盘庚既迁，奠厥攸居，乃正厥位，绥爱有众。

　　曰："无戏怠，懋建大命！今予其敷心腹肾肠①，历告尔百姓于朕志。罔罪尔众，尔无共怒，协比谗言予一人。

　　古我先王，将多于前功，适于山。用降我凶，德嘉绩于朕邦。今我民用荡析离居，罔有定极，尔谓朕易震动万民以迁？肆上帝将复我高祖之德，乱越我家。朕及笃敬，恭承民命，用永地于新邑。肆予冲人，非废厥谋，吊由灵各；非敢违卜，用宏兹贲。

呜呼！邦伯师长百执事②之人，尚皆隐哉！予其懋简相尔，念敬我众。朕不肩好货，敢恭生生。鞠人谋人之保居，叙钦今我既羞告尔于朕志若否，目有弗钦！无总于货宝，生生自庸。式敷民德，永肩一心。"

看下面的译文，你就知道它是什么意思了！

①心腹肾肠：指心里话。
②百执事：负责具体事务的众位官员。

盘庚迁都以后，安置好大臣和平民住的地方，选定王宫和宗庙的方位，然后告诫众人。他说："不要贪图享乐，不要懒惰，要努力完成重建家园的大业。现在我要真诚地把我的想法告诉你们。我不想惩罚你们，你们也不要心怀不满，彼此串通起来说我的坏话。

从前我们的先王成汤，他的功劳大大超过了前人，把臣民迁移到山地去。因此减少了洪水带来的灾祸，为我们的国家立下了大功。现在，我们的百姓由于水灾而流离失所，没有固定的住处。你们问我为什么要兴师动众地迁居？这是因为上天将要恢复我们高祖成汤的德政，治理好我们的国家。我迫切而恭敬地遵从天意，是要拯救我们的百姓，在新的国都里永远居住下去。因此，我这个年轻人，并不是我不听从大家的意见，而是要更好地遵循上帝的旨意；我不敢违背占卜的结果，而是要使占卜的天意发扬光大。

　　啊！各位诸侯，各位大臣，各位官员，希望你们要各自考虑自己的责任！我会认真考察你们的工作，看你们是否体恤我的臣民。我不会任用那些贪恋财物的人，而要任用帮助臣民谋生的人，能够养育臣民并使他们安居乐业的人，我将按照他们的功劳大小进行奖赏。现在我已经把我心里的想法都告诉了你们，希望你们不要不顺从！不要聚敛（liǎn）财富，而要为百姓谋生以立下功劳。要对百姓施予恩德，永远能与百姓同心同德。"

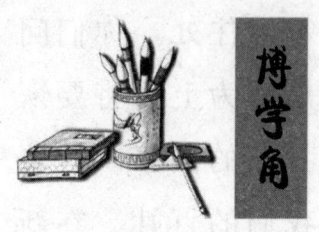

瘦马破车

春秋战国时期，鲁国有个宰相，叫季文子。他身居高位，却以勤俭为荣，从不铺张浪费。他家住的房子非常简陋，也不多用仆人。他常常叮嘱家人说："不要搞浮华，讲排场，饮食粗茶淡饭就可以了，衣服不脏、不破就很好。"

有一天，他有公务出门，让他的侄儿备车。等了好一会儿也不见动静，他就径直向马厩走去。刚到马厩门口，他就看到侄儿慌慌张张地将青草盖在马槽上，显出很不安的样子。季文子纳闷，问道："你在干什么？"侄儿吱吱唔唔说不出话来。季文子走上前一看，原来马槽里有粮食。季文子十分生气，说："我已经说过，不许用粮食喂马，有充足的草就可以了。许多穷人穿衣吃饭都成问题，你竟然还如此浪费！"侄儿点点头，说："你说的道理我懂,我只是怕别人嘲笑我们。"季文子回答道:"被嘲笑又如何,简朴生活才是美德。"

季文子的谋臣仲孙站在一旁,不以为然地说:"大人做宰相这么多年了,出出入入连一件像样的绸缎衣服都没有。喂的马,不给粮食,只用草喂。你每天乘坐瘦马破车,难道不怕别人笑话,说你太小气了吗?"

季文子听了仲孙的话后,严肃地说:"你之所以这么认为,是因为你没有懂得节俭的意义。一个有修养的人,他可以克制贪念,因为他知道节俭可以

使人向上。相反,一个人铺张浪费,必然贪得无厌。如果一个国家的大臣能够厉行节俭,艰苦奋斗,上行下效,百姓齐心,这个国家必然会越来越强大。"

季文子句句在理的一番话,说得仲孙哑口无言。他红着脸不好意思地低下头去。

做一做

我国的传统美德指的是哪些？比如：勤俭、孝亲……在这些美德当中，你具备了哪几个方面呢？还有哪些方面做的不够呢？今后打算怎么做？

你觉得你是一个节俭的孩子吗?你知道应该从哪些方面节俭吗?我们应该怎么做?

十一　商书·说命上

王宅忧，亮阴三祀。既免丧，其惟弗言，群臣咸谏于王曰："呜呼！知之曰明哲，明哲实作则。天子惟君万邦，百官承式，王言惟作命，不言臣下罔攸禀令。"

王庸作书以诰曰："以台正于四方，惟恐德弗类，兹故弗言。恭默思道，梦帝赉予良弼，其代予言。"乃审厥象，俾以形旁求于天下。说筑傅岩之野，惟肖。爰立作相。王置诸其左右。

命之曰："朝夕纳诲，以辅台德。若金，用汝作砺；若济巨川，用汝作舟楫；若岁大旱，用汝作霖雨。启乃心，沃朕心，

若药弗瞑眩，厥疾弗瘳；若跣弗视地，厥足用伤。惟暨乃僚，罔不同心，以匡乃辟。俾率先王，迪我高后，以康兆民。呜呼！钦予时命，其惟有终。"

说复于王曰："惟木从绳则正，后从谏则圣。后克圣，臣不命其承，畴敢不祗若王之休命？"

看看下面的译文，你就知道它是什么意思了！

高宗居父丧，信任冢宰默默不言已经有三年了。免丧以后，他还是不论政事。群臣都向王进谏说："啊！通晓事理的叫作明哲，明哲的人实可制作法则。天子统筹万邦，百官承受法式。王的话就作教命，王不说，臣下就无从接受教命。"

王庸作书告谕群臣说："要我做四方的表率，我恐怕德行不好，所以不发言。我恭敬沉默思考治国的办法，梦见上帝赐给我一位贤良的辅佐，他将代替我发言。"于是详细画出了他的形象，使人拿着图像到天下普遍寻找。傅说在傅岩之野筑土,同图像相似。于是立他为相,王把他设置在左右。

王命令他说:"请早晚进谏,以帮助我修德吧!比如铁器,要用你作磨石;比如渡大河,要用你作船和桨;比如年岁大旱,要用你作霖雨。敞开你的心泉来灌溉我的心吧!比如药物不猛烈,疾病就不会好;比如赤脚而不看路,脚因此会受伤。希望你和你的同僚,无人不同心来匡正你的君主,使我依从先王,追随成汤,来安定天下的人民。啊!重视我的这个命令,要考虑取得成功!"

傅说向王答复说:"木依从绳墨砍削就会正直,君主依从谏言行事就会圣明。君主能够圣明,臣下不须教命犹将承意进谏,谁敢不恭敬顺从我王的美好教导呢?"

魏征直谏

有一次，唐太宗违犯他以前制定的，只有18岁成年男子才须服兵役的规定，突然决定也征召16岁以上，18岁以下，身材高大的男子从军。命令发出以后，魏征极力反对，唐太宗非常生气，派人把他叫来，大加训斥。

魏征毫不畏惧，他非常严肃地进谏说："您现在把强壮的中男都抽去服兵役。那么，田由谁来种？工由谁来做？作为国君，首先要讲信用，可是国家的法律明明规定，男丁中的强壮者才需要服兵役，您为什么不遵守呢？您这样做，在老百姓面前不是失去信用了吗？"

魏征的这一番话，把唐太宗一肚子的火气浇灭了。他心悦诚服地对魏征说："先生真是朕和国家的一面镜子啊！朕原先以为你太固执，不通情理，现在听了你的话,觉得非常有道理。政令前后不一,百姓不知所措,国家是无法治理得好的。"于是,唐太宗立刻下令停止征召中男服役,还奖赏了魏征。敢于直言劝谏的魏征不仅为国家立下了不朽的功绩,也成了以后历朝官员效法的楷模。

读一读

下面有关诚信的名人名言，先读一读，然后体会他们的意思。

以诚感人者，人亦诚而应

——程颐

我的座右铭是：第一是诚实，第二是勤勉，第三是工作。

——卡耐基

自以为聪明的人往往是没有市场的。世界上最聪明的人是最老实的人。因为只有老实人才能经得起事实和历史的考验。

——周恩来

你能够像魏征一样,敢于把自己的意见和想法说出来吗?试试看。

十二 商书·说命中

快乐诵

惟说命总百官，乃进于王曰："呜呼！明王奉若天道，建邦设都，树后王君公，承以大夫师长，不惟逸豫，惟以乱民。惟天聪明，惟圣时宪，惟臣钦若，惟民从乂。惟口起羞，惟甲胄起戎，惟衣裳在笥，惟干戈省厥躬。王惟戒兹，允兹克明，乃罔不休。惟治乱在庶官。官不及私昵，惟其能；爵罔及恶德，惟其贤。虑善以动，动惟厥时。有其善，丧厥善；矜其能，丧厥功。惟事事，乃其有备，有备无患。无启宠纳侮，无耻过作非。惟厥攸居，政事惟醇。黩于祭祀，时谓弗钦。礼烦则乱，事

神则难。"

王曰:"旨哉!说,乃言惟服。乃不良于言,予罔闻于行。"

说拜稽首曰:"非知之艰,行之惟艰。王忱不艰,允协于先王成德,惟说不言有厥咎。"

 看看下面的译文,你就知道它是什么意思了!

　　傅说接受王命总理百官,于是向王进言说:"啊!古代明王顺从天道,建立邦国,设置都城,树立侯王君公,又以大夫众长辅佐他们,这不是为了逸乐,而是用来治理人民。上天聪明公正,圣主效法它,臣下敬顺它,人民就顺从治理了。号令轻出会引起羞辱;甲胄轻用会引起战争;衣裳放在箱子里不用来奖励,会损害自己;干戈藏在府库里不用来讨伐,会伤害自身。王应警诫这些!这些真能明白,政治就无不美好了。治和乱在于众官,官职不可授予亲近,当授予那些能者;爵位不可赐给坏人,

当赐给那些贤人。考虑妥善而后行动,行动当适合它的时机。夸自己美好,就会失掉其美好;夸自己能干,就会失去其成功。做事情,就要有准备,有准备才没有后患。不要开宠幸的途径而受侮辱;不要以改过为耻而形成大非。这样思考所担任的事,政事就不会杂乱。轻慢对待祭祀,这叫不敬。礼神烦琐就会乱,这样,事奉鬼神就难了。"

王说:"好呀!傅说,你的话应当实行。你如果不善于进言,我就不能勉力去做了。"

傅说跪拜叩头,说道:"不是知道它艰难,而是实行它很难。王诚心不以实行为难,就真合于先王的盛德;我傅说如果不说,就有罪过了。"

有备无患

春秋时期,有一个英明的君主叫晋悼公。他有一个部下叫司马魏绛，也是一个执法严明的好官。有一次，晋悼公的弟弟杨干的座车扰乱了军阵，魏绛就把替杨干赶车的仆人杀了，斩首示众。于是，杨干跑去向晋悼公哭诉："皇哥，魏绛实在是太目中无人了，连王室都敢侮辱。"晋悼公听了很生气："这个魏绛太无礼了，居然让我的弟弟受到侮辱，我一定要杀了他，替我弟弟出这口气，来人呀！去把魏绛抓来。"另一个大臣羊舌赤听到了，马上向晋悼公说："大王，魏绛是个忠臣，如果是他做错了，他绝对不会逃避责任的。"话还没说完，魏绛就到了宫外，他呈给晋悼公一封奏书，然后就拔出佩剑准备自刎。卫兵看到了，立即劝魏绛："您先不要自杀呀！等大王看了奏书再说。"

晋悼公看完了魏绛的奏书："原来是我弟弟杨干不对，我错怪他了。"晋悼公连鞋子都来不及穿就急忙跑出宫外，把正准备自杀的魏绛扶起来："都是我的过失，不关你的事呀！"从此以后，晋悼公对魏绛更加地信任。

有一天，北方的戎族来向晋国献礼，请求晋国能和戎族和睦相处。晋悼公说："戎族没什么情义，

又贪心,不如把它攻下来吧!"魏绛马上劝晋悼公说:"戎狄既然来求和,就是我们晋国之福,何必去攻打它呢?"晋悼公听了魏绛的话,和戎族合平相处,从此断了北方的外患,专心治理国事。

过了几年,晋国在魏绛的辅助下,愈来愈强大。有一次郑国出兵去侵犯宋国,宋国向晋国求救,晋悼公马上招集了鲁、卫、齐、曹等十一个国家的军队,由魏绛率领,把郑国的都城团团围住,逼郑国停止侵略宋国,郑国害怕了,就和宋、晋、齐等十二国签订合约。

楚国看到郑国和宋、晋、齐等十二国签订了和

约,非常不高兴,便出兵去攻打郑国。郑国无法抵抗强大的楚兵,只好又和楚国签订合约。北方十二国知道了,就又出兵攻打郑国,郑国没有办法,郑国派使臣来向晋国求和。

晋国答应平息战争,郑国为了要感谢晋国,就送了大批的珍宝、歌女等。晋悼公把一半歌女要赐给魏绛,魏绛不但不要,还劝晋悼公说:"大王,居安思危,思则有备,有备则无患。"晋悼公一听:"嗯!你说的很对!"于是就把歌女送还给郑国。

查一查

下面成语的意思,并比较他们的相同点和不同点。

有备无患

防微杜渐

未雨绸缪

防患未然

读完这个故事,你有什么想法呢?你是不是经常能够做到有备无患呢?

十三 商书·说命下

　　王曰:"来!汝说。台小子旧学于甘盘,既乃遯于荒野,入宅于河。自河徂亳,暨厥终罔显。尔惟训于朕志,若作酒醴,尔惟麹糵;若作和羹,尔惟盐梅。尔交修予,罔予弃,予惟克迈乃训。"

　　说曰:"王,人求多闻,时惟建事,学于古训,乃有获。事不师古,以克永世,匪说攸闻。惟学逊志,务时敏,厥修乃来。允怀于兹,道积于厥躬。惟敩学半,念终始典于学,厥德修罔觉。监于先王成宪,其永无愆。惟说式克钦承,帝招俊乂,列于庶位。"

王曰:"呜呼!说,四海之内,咸仰朕德,时乃风。股肱惟人,良臣惟圣。昔先正保衡,作我先王,乃曰:'予弗克俾厥后惟尧舜,其心愧耻,若挞于市。'一夫不获,则曰:'时予之辜。'佑我烈祖,格于皇天。尔尚明保予,罔俾阿衡,专美有商。惟后非贤不义,惟贤非后不食。其尔克绍乃辟于先王,永绥民。"

说拜稽首,曰:"敢对扬天子之休命。"

看看下面的译文,你就知道它是什么意思了!

殷高宗武丁说:"来呀!傅说。我旧时候向甘盘学习过,不久就出巡于荒野,入居于河洲,又从河洲回到亳都,品德学业始终没有显著的进展。你当训导我,好比酿制甜酒,你就是引起发酵的做曲蘖;如果说是制作羹汤,你就是调味的盐和青梅。你要

多方指正我，教育我，我当能够履行你的教导。"

傅说说："大王啊！人们要求增多知识，这是想建立事业。要学习古训，才会有得；建立事业不效法古训，而能长治久安的，这不是我傅说所知道的。学习要心志谦逊，务必时刻努力，所学才能增长。相信和记住这些，道德在自己身上将积累增多。教人是学习的一半，从始到终不忘记学习，道德的增长就会不知不觉完善。借鉴先王的成法，将永久没有失误。我傅说因此能够敬承你的意旨，广求贤俊，把他们安排在各种职位上。"

高宗说："啊！傅说，天下的人都景仰我的德行，是你的教化所致。手足完备就是成人，良臣具备就是圣君。从前先正伊尹使我的先王兴起，他这样说："我不能使我的君王做尧舜，我的心惭愧耻辱，好比在闹市受到鞭打一样。"如果有一个人没有得到妥善安置，他会说：'这是我的罪过。'他辅助我的先祖成汤，使成汤的功德上达于皇天。你要勉力扶持我，不要让伊尹在殷商独享美名。君主得不到贤人就不会治理，贤人得不到君主就不会被录用。你要能让你的君主继承先王，长久安定人民。"

傅说跪拜叩头，说："我愿弘扬天子的美好政令。"

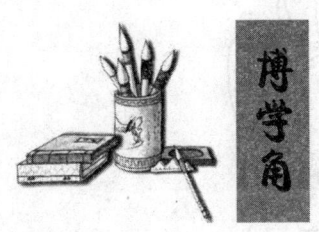

讳疾忌医

齐国历史上曾经有过两个齐桓公。一个是桓公小白，他重用管仲，善于招贤纳谏，成为春秋首霸的齐桓公；另一个是桓公午，他留给后世的却是"讳忌疾医"的故事。

桓公午当政的时候，正是齐国神医扁鹊在世的时候。一天,扁鹊去见桓公午,他看了看桓公的脸色,说:"主公有病,病在皮肤。"桓公说:"我没病,请不必费心。"他送出了扁鹊,然后对左右说:"做大夫的就想赚钱,人家没有病,他也想治。"过了五天,扁鹊又来见桓公午,他说:"主公有病,病在血脉,要是不医治,就会越来越厉害的。"桓公说:"我没病。"他心里还老大不高兴,对扁鹊也爱

搭不理的。又过了五天,扁鹊又来见恒公了,扁鹊关切地对桓公说:"主公有病,病在肠胃,再不医治,就会加深。"桓公全当作耳边风,根本听不进,

也不理扁鹊。扁鹊只好长叹一声，走了。又过了五天，扁鹊又来看桓公，进门一看到桓公就退出去了。桓公感到有些蹊跷，就派人追上去问他为什么掉头就走。扁鹊说："病在皮肤里，用热水一焐就能治好；病在血脉里，还可以针灸；病在肠胃里，用药酒就可以治好；病在骨髓里，就没办法治了。现在主公的病已是深入到骨髓里了"。

桓公听了哈哈大笑，很是不以为然。又过了五天，桓公午身上感到不舒服，卧病在床，这时他才想起扁鹊的话，于是赶紧派人去找扁鹊。可是怎么也找不到他。扁鹊早就躲得远远的了。桓公午后来没过几天就死去了。

想一想

结合自己的经历说说对这句话的理解。

良药苦口利于病,忠言逆耳利于行。

通过今天的学习,你想以后怎么对待别人给你的意见呢?想想看。

十四　商书·高宗肜日

高宗肜日，越有雊雉。祖己曰："惟先格王，正厥事。"乃训于王。曰："惟天监下民，典厥义。降年有永有不永，非天夭民，民中绝命。民有不若德，不听罪。天既孚命正厥德，乃曰：'其如台？'呜呼！王司敬民，罔非天胤，典祀无丰于昵。"

看看下面的译文，你就知道它是什么意思了！

高宗武丁在祭祀先王的第二天，又举行祭祀仪式。有一只野鸡在鼎耳上鸣叫。祖己说："要先宽解君王的心,然后纠正他祭祀的事。"于是开导商王祖庚。祖己说:"上天考察天臣下民,主要看他行事是否遵循义理。上天赐给人的年寿有长有短,并不是上天故意使人夭折,而是有些人本身行为不端导致自己断绝自己的性命。有些人做了不遵循道德的事情,又不承认自己的罪过。上天已经发出命令纠正他们不好的品德,这时他才说:'要怎么样呢?'唉,大王继承了王位,就要敬爱万民,他们都是上天的后代,因此,在祭祀的时候,不应该在自己的父庙中摆上过于丰厚的祭品!"

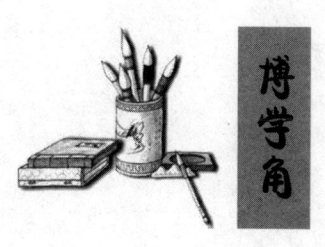

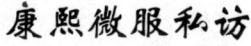 

康熙微服私访

康熙皇帝是中国历史上到地方去巡察社会与了

解民情最多的皇帝之一。

　　康熙皇帝十分注意巡幸时尽量避免骚扰百姓。他要求凡巡幸一切需要用的东西，皆以节俭为主。巡幸需用草豆木炭食物，不能够要地方官派取民间，扰害百姓，由衙门照当时的价格采买供给。他巡幸时常带负责监察的科道官，专门查处强行买卖扰害百姓的人。要求地方文武大小官员不许与扈从官员以戚友送礼，对于馈送收受人员，"以军法从事"，其扈从大小官员及随往仆役，如果有横行生事扰民

的，一并从重治罪。并且还到处张贴安民告示，声明如果发现地方官私自征收，也一定从重治罪。要求凡是经过的地方，百姓必须各自照常做自己的事情，照常生活，不得迁移或者远避。

康熙皇帝巡视也注意减少随从人员，轻装南下，巡视堤堰，就在途中搭建营幄，而不住房屋。康熙皇帝说自己："便道至浙江观风问俗，简约仪从，卤簿不设，扈从者仅三百余人。"据此可知简约情形下他的巡视队伍规模。巡幸驻跸之处，他说也未有超过三日的，担心扈从人众，恐多留一日即滋百姓一日之扰。可见他注意节制，尽量少给百姓找麻烦。

他为了减轻巡幸沿途百姓的负担，经常蠲免沿途地区的地丁钱粮。如第二次南巡，将江南全省积年民欠一应地丁钱粮、屯粱芦课、米麦豆杂税二百二十余万概与蠲除。康熙三十八年（1699年）皇帝第三次南巡，看见淮扬一路既困潦灾，所过州县耕获、市场不及以前二十三年（1684年）、二十八年（1689年）第一、二次南巡时，认为："此皆由地方有司奉行不善，不能使实惠及民"，因此"亟思拯恤，截留漕粮，宽免积欠"。采取切实措施减轻百姓负担。他也认识到，蠲免钱粮原为百姓小民，然而田亩多归缙绅豪富之家，小民所获甚微，无田穷民未必均沾实惠，约计人民有恒业者十之三四，余皆赁地出租，所余之粮仅能度日。于是要求地主也要给佃户适当免收地租，调整主佃及其与国家的关系。

由于康熙皇帝大量蠲免钱粮，民间有建立碑亭称颂的，康熙皇帝担心此举各地仿效，未免致损民力，下令停止建造。康熙四十四年(1705年)南巡驻跸苏州府城内，正逢生日万寿节，官民奏进各种食物。康熙皇帝以"因阅视河工，巡访风俗而来，非为诞辰也"，谢绝礼物。

康熙皇帝还以江南浙江为人文萃集之地，入学名额应酌量加增，又于府学分大中小各增五名，以示奖励人才之意，也有同江南知识分子联络感情作用。

康熙皇帝巡视地方也不耽误工作。如康熙二十三年首次南巡，规定奏章俱三日一送行，有时内阁送来的时间晚了，他要批阅到深夜。

康熙皇帝以频繁的巡视地方，关心民生，处理政务,给人们留下了"勤政爱民"的良好形象,为以后的皇帝树立了榜样。

想一想

思考一下下面词语或成语的含义。

微服私访

蠲免

勤政爱民

你听过"得人心者得天下"这句话吗?你是怎么处理和自己伙伴的关系的呢?

十五 商书·西伯戡黎

西伯既戡黎①,祖伊恐,奔告于王。

曰:"天子!天既讫我殷命。格人元龟,罔敢知吉。非先王不相我后人,惟王淫戏用自绝。故天弃我,不有康食②。不虞天性,不迪率典。今我民罔弗欲丧,曰:'天曷不降威?'大命不挚,今王其如台?"

王曰:"呜呼!我生不有命在天?"

祖伊反,曰:"呜呼!乃罪多,参在上,乃能责命于天?殷之即丧,指乃功,不无戮于尔邦!"

看下面的译文,你就知道它是什么意思了!

①西伯指周文王。勘的意思是战胜。黎是殷王朝的属国,在今天山西长治境内、全篇记述周文王战胜黎国之后,殷朝贤臣祖伊为殷朝安危担忧,向殷纣王进谏,规劝他改弦更张,但遭到了纣王的拒绝。

②康食:安居饮食。

周文王战胜黎国之后,祖伊非常恐慌,急忙跑来告诉商纣王。

祖伊说:"天子啊,上天恐怕要断绝我们殷商的国运了!那些善知天命的人用大龟来占卜,觉察不到一点吉兆。这并不是先王不帮助我们这些后人,而是因为大王淫荡嬉戏而自绝于天下。因此,上天抛弃了我们,不让我们有饭吃有地方住,大王不揣度上天的性情,不遵循常法。现在我们的百姓没有谁不希望大王灭亡的。他们说:'上天为什么还不降下威罚呢?'天命不再属于我们了,大王现在打算

怎么办呢?"

纣王说:"啊!我的一生不是有福命在天吗?"

祖伊反问道:"唉!您的过错太多,上天已有所知,难道还希望祈求上天的福佑吗?殷商就要灭亡,从您的所作所为就看得出来,您的国家能不被周国消灭吗!"

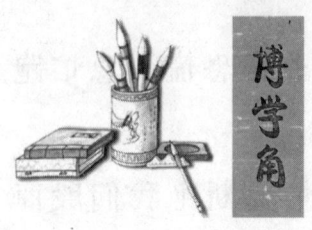

皇甫谧浪子回头

皇甫谧,幼名静,字士安,自号玄晏先生,安定朝那(今甘肃灵台县朝那镇)人。生于东汉建安二十年(公元215年),卒于西晋太康三年(公元282年),活了68岁。

皇甫谧年幼父母双亡,跟叔父母长大成人。皇甫谧家原是"富贵人家",只是到了他的父辈家境渐渐没落。他从小养成了懒散习惯,既不愿劳动,又不肯读书,整天和一些游手好闲的"大头孩子"鬼混,叔父母的话听不进去。人们都说,皇甫家出了个败家子。尽管皇甫谧不争气,但他的婶母任氏待他仍然很好。他对婶母也算孝敬,有时从外面弄到一些瓜果,总要拿回家,请婶母尝鲜。婶母觉得侄子越长越大,这样下去,很难成器,决心狠狠地刺激他一下。

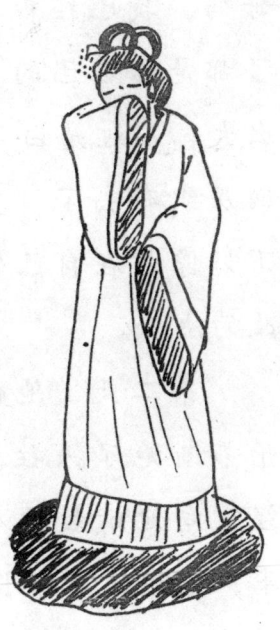

一次,皇甫谧又拿瓜果回家,任氏很不高兴地对他说:"你以为拿点瓜果回来就算是孝敬吗?《孝经》上说:'三牲之养,犹为不孝'。每天早晚都能给长辈送上牛、羊、猪肉,也不算孝。你都十几岁了,还是不务正业,不认真学习,不懂得道理,我怎么能感到安慰呢?"

任氏一边叹气,一边流着眼泪说:"过去孟子的母亲三迁以成仁,曾子的父亲杀猪以孝教。现在你这样不成器,究竟是何原因呢?说是我教育得不好吗,我已经费尽了苦心。其实,学问、道德,学了都是你自己的东西,同我有什么相干!我养你这么大,不过是白辛苦罢了!"说完,便不理皇甫谧,回房织布去了。皇甫谧听着织布机的声音,一下一下好像打在自己的心上,他愧悔交加,果真下了悔改的决心。

第二天,他便不再游荡,并和那些游手好闲的子弟断绝了来往。他拜了附近的学者席坦做老师,经常向他请教做人的道理。在席坦老师的指教引导下,皇甫谧日渐长进。每天早上起来,他扛着锄头,带着书本下地劳动,休息的时候,就拿出书本来读。

几年工夫，他便博览了各种典籍诗文。浪子回头，众人刮目相看，都说皇甫谧是个有志向的人。

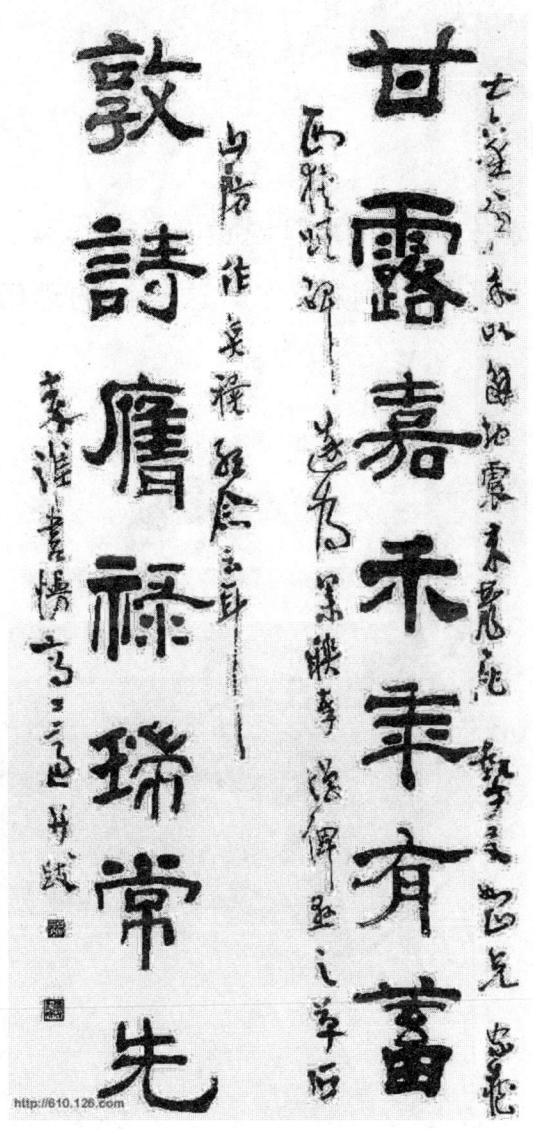

想一想

《尚书·大甲》里说道:"天作孽,犹可违;自作孽,不可活。"谈谈你对这句话的理解和认识。

今天你骄傲了没有？你觉得你是最好的吗？说说你的理由。

十六 周书·牧誓

时甲子昧爽①，王朝至于商郊牧野，乃誓。王左杖黄钺，右秉白旄以麾，曰："逖矣，西土之人！"王曰："嗟！我友邦冢君御事，司徒、司马、司空，亚旅、师氏，千夫长、百夫长及庸、蜀、羌、髳、微、卢、彭、濮人、称尔戈，比尔干②，立尔矛，予其誓。"

王曰："古人有言曰：'牝鸡无晨③；牝鸡之晨，惟家之索。'今商王受，惟妇言是用，昏弃厥肆，弗答；昏弃厥遗王父母弟，不迪，乃惟四方之多罪逋逃，是崇是长，是信是使，是以为大夫卿士。俾暴虐于百姓，以奸宄于商邑。今予发^④惟恭行天之罚。今日之事，不愆于六步、七步，乃止齐焉。夫子勖哉！不愆于四伐、五伐、六伐、七伐，乃止，齐焉。勖哉夫子！尚桓桓，如虎如貔，如熊如罴，于商郊。弗迓克奔，以役西土，勖哉夫子！尔所弗勖，其于尔躬有戮！"

 看下面的译文，你就知道它是什么意思了！

①昧爽：太阳没有出来的时候。
②比：排列。干：盾牌。
③牝鸡：母鸡。晨：这里指早晨鸣叫。
④发：周武王的名字，武王姓姬。

在甲子日的黎明时分，周武王率领大军来到商朝都城郊外的牧野，在这里举行誓师仪式。武王左手拿着黄色铜制大斧，右手拿着白色的指挥旗，说道："辛苦了，你们这些从西土远道而来的将士们！"武王说："啊！我们尊敬的友邦国君和治理

政事的大臣，各位司徒、司马、司空、亚旅、师氏、千夫长、百夫长，还有庸、蜀、羌、髳、微、卢、彭、濮诸邦的将士们，举起你们的戈，排列好你们的盾，竖起你们的矛，我就要发布誓师令了。"

武王说："古人说过：'母鸡在早晨不打鸣。如果谁家母鸡早晨鸣叫，这个家就要衰落了。'现在，商纣王只是听信妇人的话，轻蔑地抛弃了对祖先的祭祀，对祭祖的大事不闻不问，抛弃同祖的长辈和兄弟，对他们不予以任用，却对四面八方的罪人逃犯十分崇敬、信任、提拔、任用，让他们当上大夫、卿士，使他们残暴虐待老百姓，在商国都城胡作非为。现在我姬发要恭敬地按上天的意志来讨伐商纣。今天这场战斗，在前进时不超过六步、七步，就要停下来整顿队伍。努力吧，将士们！作战中刺杀时不超过四次、五次、六次、七次，也要停下来整齐一下阵列。努力吧，将士们！希望你们威武雄壮，像虎、豹、熊、罴一样勇猛，在商都郊外大战一场。不要迎击和杀害前来向我们投降的人，以便让他们为我们服务。努力吧，将士们！如果你们不努力，你们自身就会遭到杀戮!"

赵奢劝诫平原君

战国时候,平原君赵胜任赵国宰相。他是赵惠文王的弟弟,又是高官,所以他非常富有,有大片的田地,光是替他管理田庄的大管家就有九个。

俗话说,豪门家奴赛过七品知县。平原君的九个大管家依仗他的势力,根本不把国法和普通官吏放在眼里。他们管理的田庄,从来不向国家交税。于是上行下效,许多贵族官僚都效仿起来,不肯如数交税,致使赵国收入大减,赵国的国力日渐衰弱。

正在这时,赵惠文王任命赵奢为征税官。这赵奢官儿不大,胆子却很大。他一上任,就把平原君的九个大管家抓起来杀了。这一举动顿时震动了赵国上下,人们都为他捏了一把汗,以为他的性命难保。

果然,平原君听说他的九个管家全部被杀后,气得七窍生烟,立刻派人把赵奢抓来,气冲冲地问:"大胆赵奢,你为何杀我家人?"

赵奢平静地说:"您地位这样高,又这么富贵,是因为有了赵国。试想,如果赵国没有了,您还会这样吗?您的管家们抗税,别人又去效仿,那么长此下去，国家还会长久吗？您身为宰相，难道愿意为了自己的私利去坑害自己的国家吗？如果您不怕天下人耻笑，尽可以杀我好了！"

一席话说得平原君哑口无言。他离席下坐，命人给赵奢松绑。第二天，又亲自向赵王举荐赵奢的胆识和才能，让他负责整个赵国的财政赋税事务。

自打赵奢上任后，有平原君九个大管家被杀的例子，权贵们谁还敢抗税呢。不几年工夫，赵国就富足起来了。

想一想

"先天下之忧而忧,后天下之乐而乐"是范仲淹在他的《岳阳楼记》里写下的千古名句,请你思考一下这句话在今天的现实意义。

你会用小礼物去博得同伴的好感吗?你觉得这样做好吗?为什么这样认为呢?

十七 周书·旅獒

快乐诵

"德盛不狎侮。狎侮君子，罔以尽人心；狎侮小人，罔以尽其力。不役耳目，百度惟贞。玩人丧德，玩物丧志。志以道宁，言以道接。不作无益害有益，功乃成；不贵异物贱用物，民乃足。犬马非其土性不畜，珍禽奇兽不育于国，不宝远物，则远人格；所宝惟贤，则迩人安。

呜呼！夙夜罔或不勤，不矜细行，终累大德。为山九仞，功亏一篑。允迪兹，生民保厥居，惟乃世王。"

 看下面的译文，你就知道它是什么意思了！

"身怀大德的君王，待人不会轻蔑怠慢。轻慢官员，就不能使人尽力。不贪恋美色歌舞，处理任何事情都会正确无误。戏弄人将丧失德行，玩弄物将丧失抱负。心志合乎正道方能宁静，言谈合乎正道方能酬应。不做无益的事，事业才会成功；不看重珍奇异物而轻视日常用品，百姓才会富足。犬马不是土生土长的不要畜养，珍禽奇兽在国内养育。不看重远方宝物，远方人民就会成心归服。能够尊重哲人贤士，附近百姓就会安居乐业。

啊！从早到晚不要有不勤勉的时候，对生活小节不重视，终将会带来大节的亏损。就像堆垒九仞高的土山，往往只是差一筐泥土地，就导致功败垂成。大王若能认真履行上述劝谏，那么人民就可以长保安居，王业也可以永世流传了。"

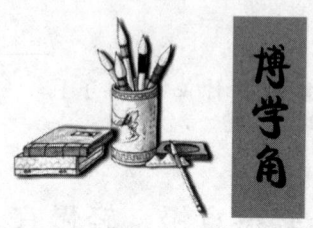

仁义之君

在唐朝时期，右骁卫大将军长孙顺德接受了人家贿赂的绢，唐太宗知道这件事后说："顺德这样的人才如果对国家有用，我可以和他共同分享国家的财富，他何必这样贪恋财物呢！"唐太宗爱惜他有功于国家，没有治罪，并且赏赐他数十匹绢。大理少卿胡演说："顺德违反法律接受财物，本来不应该免罪，为什么又赏赐他呢？"太宗说："如果他有人性的话，接受赏赐比遭受刑罚更感到屈辱；如果他不知道羞愧，那就和禽兽差不多了，杀了他又有什么用呢！"

唐太宗在位的时候，突厥经常进犯唐朝的边境。

有一年，突厥遭遇一场大雪，死了很多的羊马，百姓的生活也过得非常的困顿，于是满朝大臣劝太宗借这个难得的机会去攻打突厥。唐太宗却说，"我

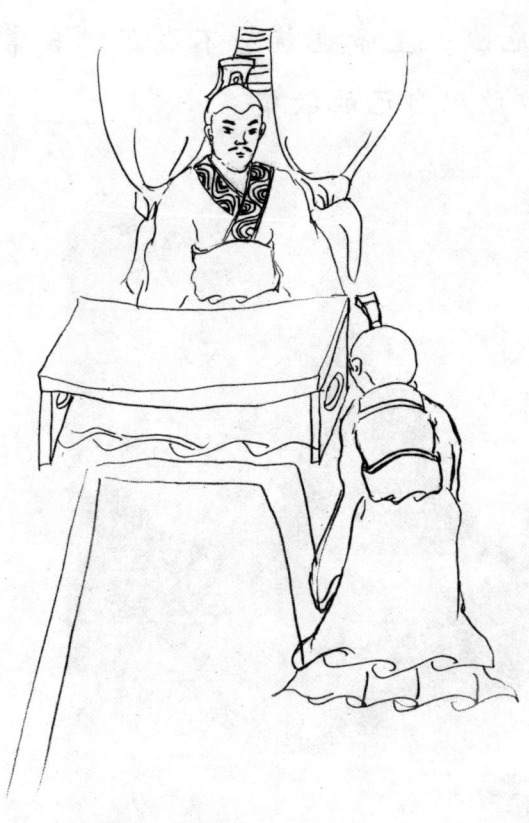

和人家刚结盟就背弃盟约，这是不守信用；在人家遭受灾难的时候牟取好处，这是不仁爱；乘人家在危难的时候取得胜利，也不是正当的武装行动。即使突厥各个部落都叛乱了，牲畜一只不剩，我也不进攻，一定要等到他有罪了，我再讨伐它。"

唐太宗经常对下面的大臣们说："皇帝依赖于国家，国家依赖于人民。如果苛求人民侍奉皇帝，就等于割下自己的肉填饱肚子，吃饱了也死了，皇帝富裕了国家也就灭亡了。所以，皇帝的忧患不是来自于外面，而在于自身。皇帝欲望多花费也就高，开支多人民的赋税就重，民众因此就会十分愁苦，这样国家也就会有危险，皇帝也就当不成了。我常常这样想，因此不敢放纵自己的欲望。"

填一填

你知道下面指的是哪个朝代、哪位皇帝吗?

贞观之治

文景之治

在中国历史上,你都知道哪些皇帝?你比较喜欢哪一个呢?为什么?

十八 周书·康诰

王曰:"呜呼!封,汝念哉!今民将在祇遹乃文考,绍闻衣德言。往敷求于殷先哲王,用保乂民。汝丕远惟商耇成人,宅心知训。别求闻由古先哲王,用康保民,弘于天若。德裕①乃身,不废在王命。"

王曰:"呜呼!小子封,恫瘝乃身,敬哉!天畏棐忱,民情大可见,小人难保。往尽乃心,无康好逸豫,乃其乂民。我闻曰:'怨不在大,亦不在小。惠不惠,懋不懋②。'已汝惟小子,乃服惟弘王,应保殷民,亦惟助王宅天命,作新民。"

 看下面的译文，你就知道它是什么意思了！

①德裕：德政，恩德。

②懋：勉力。

王说："是啊！封，你要好好考虑！现在臣民都在看着你是否恭敬地遵循了你父亲文王的传统，依据他的遗训来治理国家。你到殷后，要广泛了解殷商遗民的心态，要懂得怎样使他们顺服。另外，你还要学习古时比较圣明帝王的治国之道，使臣民得到安宁。要比天还宽宏，使臣民体验到你的恩德，不停地完成王命！"

王说："啊，年轻的封！治理国家要经受痛苦的磨难，可要小心谨慎啊！威严的上天辅助诚心的人，这可以从民心表现出来，小人却难以治理。你去那里要尽心尽力，不要贪图安逸享乐，才能治理好臣民。我听说：'民怨不在于大，也不在于小；要使不顺从的人顺从，使不努力的人努力。'啊！你这年轻人，你的职责重大，我们君王受上天之命来保护殷民，你要协助君王实现上天之命，革新改造殷民。"

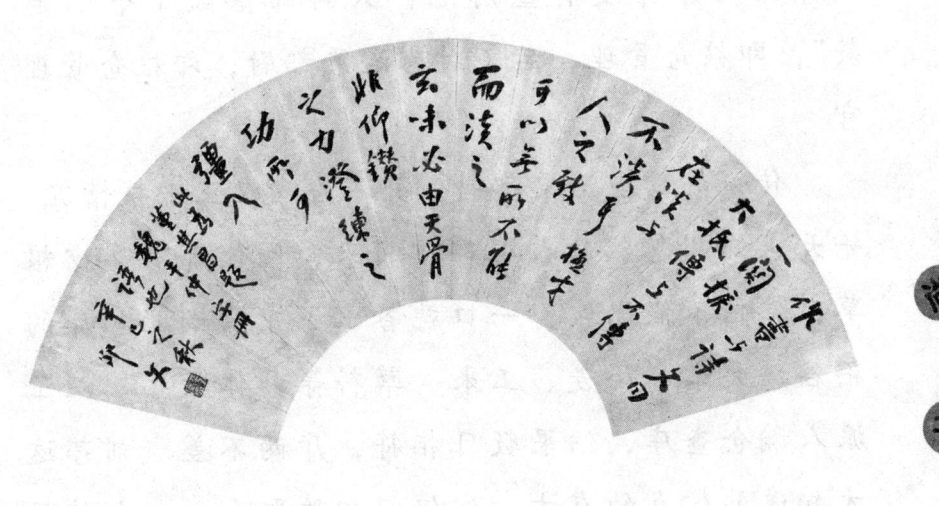

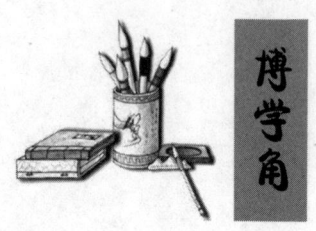

月下千里追韩信

公元前206年,张良推荐韩信到汉中投奔刘邦,但开始刘邦并没有重用他,只封韩信做了个"连敖",即粮仓管理,后又封为治粟都尉,即粮仓管理官。

传说韩信当治粟都尉,并不去向汉王汇报情况。一天,刘邦忽然命人将韩信叫来,问他现有多少粮草,韩信不假思索,一口就答出了东西南北各库的稻谷、大米、小麦、玉米、草料等具体数字。汉王派人翻仓查库,结果数目相符,斤两不差。刘邦这才知道韩信真的有才,但仍旧相貌取人,加之韩信性情高傲,不善迎奉,依然不予重用。

惟独丞相萧何十分留意人才,听得此情,又召见韩信问话,果然发现大有才能。就对韩信许愿说,要建议汉王任命他做大将。

韩信又等多日，仍不见汉王任用，大失所望，就收拾行装，另寻出路。也不向丞相告辞，便趁一个月夜逃走了。等待萧何知道时，他感到失去一件无价之宝一样难过，立即骑了一匹快马，加鞭急赶，去追韩信。

萧何骑马追到韩信，立即跳下马鞍，双手拉住韩信，上气不接下气地说："韩都尉怎么不辞而别？你不是胸怀大志，要建功立业吗？今日除了汉王，还有谁能够统一天下？都尉还是跟我一道回去吧！"

韩信看见萧丞相累得满头大汗，气喘吁吁，脚

上穿的鞋子也因马不停蹄,跑得太快而丢失,光着一双脚丫子,觉得萧何确有爱才之心,也没有再说什么,就随萧何返回了南郑。

汉王的部下多半是东方人,都想回到故乡去,因此部队到达南郑时,半路上跑掉的军官就是几十个。汉王对萧何说:"众将逃亡许多,你不去追,为何独追一个韩信?"萧何说:"众将容易得到,而韩信乃国士无双,若大王欲得天下,除韩信以外,再没有为你统兵打仗的人了。"刘邦这才相信了萧何的话,就要召见韩信,委为大将。萧何批评说:"我王素来傲慢无礼。今天要拜大将,就如呼喊一个小孩子一样,这就是韩信要逃走的原因。"刘邦问:"那该怎么办呢?"萧何:"我王要拜韩信为大将,必须要选择一个黄道吉日,沐浴更衣,吃素食,戒酒肉,恭恭敬敬地斋戒七日,还要筑好坛场,准备好一切拜大将的礼节,方可隆重举行拜将仪式。"刘邦采纳了萧何的建议,拜韩信为大将。

说一说

我们大家都知道"萧何月下追韩信"的故事,思考一下,说说萧何为什么只去追韩信一个人,而韩信又为何愿意跟他回去呢?

读完故事,你想到了什么?如果你是韩信,你会留下来吗?说说你的理由。

十九 周书·酒诰

王若曰:"明大命于妹邦。乃穆考文王,肇国在西土。厥诰毖庶邦庶士,越少正,御事,朝夕曰:'祀兹酒。'惟天降命肇我民,惟元祀。天降威,我民用大乱丧德,亦罔非酒惟行;越小大邦用丧,亦罔非酒惟辜。

文王诰教小子,有正有事,无彝酒;越庶国:饮惟祀,德将①无醉。惟曰我民迪小子惟土物爱,厥心臧。聪听祖考之彝训,越小大德。

小子惟一妹土,嗣尔股肱,纯其艺黍稷,奔走事厥考厥长。肇牵车牛,远服贾

用,孝养厥父母。厥父母庆,自洗腆,致用酒。

庶士有正越庶伯君子,其尔典听朕教!尔大克羞耇惟君,尔乃饮食醉饱。丕惟曰尔克永观省,作稽中德,尔尚克羞馈祀②。尔乃自介用逸③,兹乃允惟王正事之臣。兹亦惟天若元德,永不忘在王家。"

看下面的译文,你就知道它是什么意思了!

①德将:以德相助,用道德来要求自己。
②馈祀:国君举行的祭祀。
③用逸:指饮酒作乐。

王说:"我要在卫国宣布一项重大命令。当初,你那尊敬的先父文王,在西方创建了我们的国家。他从早到晚告诫诸侯国君和各级官员说:'只有祭祀时才可以饮酒。'上天降下旨意,劝勉我们的臣民,只有在大祭时才能饮酒。上天降下惩罚,是因为我们的臣民犯上作乱,丧失了道德,这原因都是因为酗酒造成的。那些大大小小的诸侯国的灭亡,也没有哪个不是因为饮酒过度而造成的祸患。

文王还告诫担任大小官员的子孙们说:'不要经常饮酒'。并告诫在诸侯国任职的子孙:'只有祭祀时才可以饮酒,但要用道德来约束自己,不要喝醉了。'文王还告诫我们的臣民,要教导子孙爱惜粮食,只有这样,才能使他们的心地变善良。要好好听取祖先留下的这些训诫,发扬大大小小的美德。

臣民们,你们要一心留在故土,用你们自己的手脚,专心致志地种好庄稼,勤勉地侍奉你们的父兄。努力牵牛赶车,到外地去从事贸易,用以孝敬和赡养你们的父母亲父母亲一定会很高兴。这时你们自己动手准备丰盛的饭菜,这时你们可以饮酒。

各级官员们,希望你们能经常听从我的教导!只要你们能向老人和国君进献酒食,你们就可以酒足饭饱。这就是说,只要你们能经常反省自己,使自己的言行举止合乎道德,你们还可以参与国君举行的祭祀。如果你们自己能限制饮酒作乐,就可以

长期成为君王的治事官员。这也是上天赞美的大德,王室将永远不会忘记你们是臣属。"

杯酒释兵权

唐朝灭亡以后,历史进入到五代十国的混乱时期。到了后周(公元951—960年)的时候,周世宗让赵匡胤掌握了军事大权。周世宗死后,本由他七岁的儿子柴宗训继承皇位,但赵匡胤趁机夺取了皇权,建立了宋朝。他就是宋太祖。

宋太祖赵匡胤做了皇帝以后没多久,就有两个地方节度使反叛宋朝。宋太祖费了很大功夫,才把这次叛乱给平定了。为了这件事,宋太祖心里总不踏实。有一次,他找跟随他多年的赵普谈话,问他说："自从唐朝以后，换了许多朝代，不停地打仗，不知道死了多少百姓。这到底是为什么呢？"赵普说："这道理很简单。国家混乱，毛病就出在军事权力不集中，如果把兵权集中到中央，天下就太平了。"宋太祖听了连连点头。他自己就是凭借手中的兵权夺取皇位的。为了防止类似的事情再次发生，宋太祖决定收回兵权。

公元961年秋的一个晚上，宋太祖在宫中举行宴会，请石守信、王审琦等几位老将喝酒。他举起一杯酒，先请大家干了杯，说："我要不是有你们的帮助，也不会有今天。但是你们可能不知道，做皇帝日子也不好过呀，还不如做个节度使快乐！不瞒各位说，这一年来，我就没有一夜睡过安稳觉。"石守信、王审琦等人听了感到十分惊奇，连忙问这是什么缘故。宋太祖接着说："这还不明白？皇帝这个位子，谁不想坐呀？"石守信等人听出话中有话。大家着了慌，跪在地上说："陛下为什么说这样的话？现在天下已经安定了，谁还敢对陛下三心二意？"宋太祖摇摇头说："对你们几位难道我还信不过？只怕你们的部下将士当中，有人贪图富贵，把黄袍披在

你们身上。你们想不干,能行吗?"石守信等人吓得满头大汗,连连磕头,含着眼泪说:"我们都是粗人,没想到这一点,请陛下指引一条出路。"宋太祖说:"我替你们着想,你们不如把兵权交出来,到地方上去做个闲官,买些田产房屋,给子孙留点家业,快快活活度个晚年。我和你们结为亲家,彼此毫无猜疑,不是更好吗?"

石守信等齐声说:"陛下,你给我们想得太周到

啦！"

酒席散了之后，大家各自回家。第二天上朝时，每人都递上一份奏章，说自己年老多病，请求辞官。宋太祖马上照准，从而收回他们的兵权，赏给他们一大笔财物，打发他们到各地去做节度使。历史上把这件事称为"杯酒释兵权"。

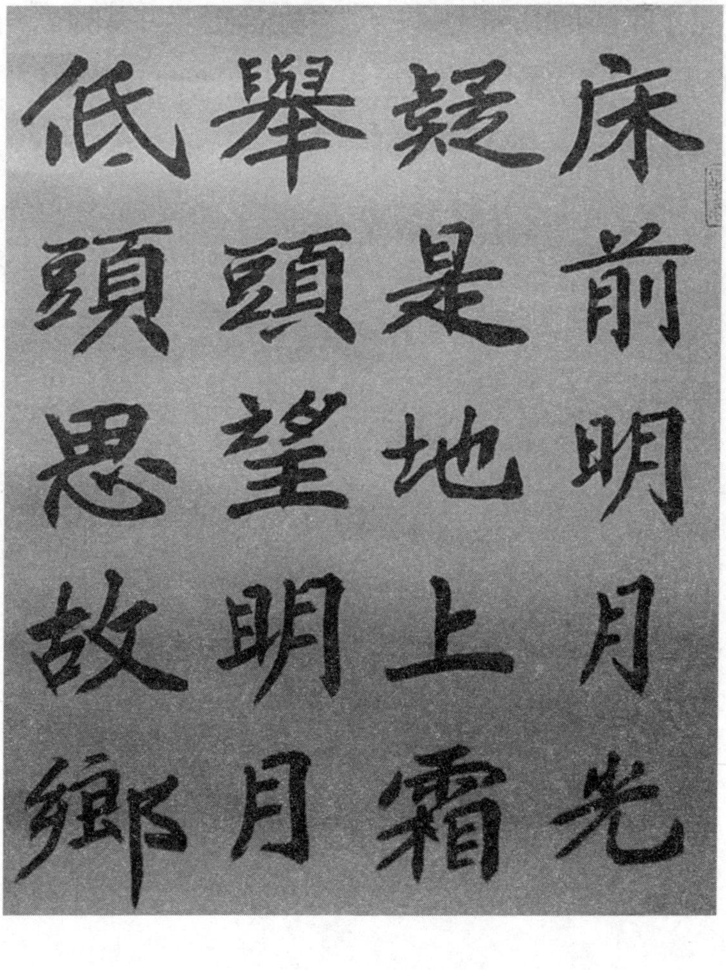

填一填

用自己的话描述一下"劝君更尽一杯酒,西出阳关无故人"这句话的意境,想想当时作者的心情。

你认为饮酒好不好？俗话说："酒逢知己千杯少"，你是怎么理解这句话的？